# 太极拳 功 修炼法

祁式太极拳术述真之 四

魏树人／著
王洁／助编
蓝清雨／整理

人民体育出版社

**图书在版编目（CIP）数据**

太极拳内功修炼法 / 魏树人著. -- 北京：人民体育出版社，2000（2024.4重印）
（杨式太极拳术述真；4）
ISBN 978-7-5009-2016-8

Ⅰ.①太… Ⅱ.①魏… Ⅲ.①太极拳，杨式 Ⅳ.①G852.11

中国版本图书馆CIP数据核字(2000)第43466号

**太极拳内功修炼法**
魏树人著

\*

人民体育出版社出版发行
三河兴达印务有限公司印刷
新 华 书 店 经 销

\*

787×960　32开本　2.5印张　18千字
2001年2月第1版　2024年4月第16次印刷
印数：59,271—60,770册

\*

ISBN 978-7-5009-2016-8
定价：13.00元

社址：北京市东城区体育馆路8号（天坛公园东门）
电话：67151482（发行部）　　邮编：100061
传真：67151483　　　　　　　邮购：67118491
网址：www.psphpress.com
（购买本社图书，如遇有缺损页可与邮购部联系）

# 出版说明

随着太极拳运动的普遍开展,人们渴望进一步了解和探求源远流长的传统太极拳技艺精华及其所独具的文化底蕴与艺术魅力,为此,我们特约作者撰写了《杨式太极拳术述真》一书。

# 出版说明

鉴于原书厚重,应广大读者要求,我们将原书分为五个单册,书名依次为:

杨式太极拳术述真之一

太极拳内功理法

杨式太极拳术述真之二

太极拳行拳心法

杨式太极拳术述真之三

# 出版说明

太极拳拆架拆手

杨式太极拳术述真之四

太极拳内功修炼法

杨式太极拳术述真之五

太极拳内功劲法

现以异型32开本的形式出版，以方便广大太极拳爱好者随身携带和阅读。

# 前　言

自先师汪永泉讲授的《杨式太极拳述真》一书面世后,余陆续收到海内外读者的大量信函。各省市太极拳爱好者不断登门见访,海外人士也陆续来京质疑问难。中外朋友都希望进一步学习和探索这一门太极拳技艺,纷纷建议我编写一本由初学阶段转入中级阶段之后练习太极拳的内容、方法及纲要的书籍。为了满足大家的要求,余不揆庸昧,在先师所传技艺的基础上,融合自己数十年学习、探索太极拳艺之所得,本着知无不言、

言必由衷的精神，将这一门技艺的精华原原本本地告知所有太极拳的爱好者。

本套丛书由太极拳内功理法、行拳心法、拆架拆手、内功修炼法和内功劲法组成。这些内容是太极拳功夫在中级阶段由低到高、分层递进之阶梯。书中记述有前人杨公健侯、杨公少侯和先师汪永泉口耳相传的行拳要诀，以及精辟独到的譬喻。这些警句脉络清晰、洞明事理、言简意赅而切中要害。这些融太极大道至理于拳之精微的明言直语尽抒拳艺精髓，是从中华民族文化的深厚凝聚中升华出来的宝贵文化遗产，堪为吾等行拳

之楷模。

余自列汪师门墙后,十余年来对拳艺极虑求精,搜寻探索,刻意上进,但仅有些粗浅体会。在众同学和广大爱好者的恳请下,于古稀之年不顾老眼昏花,勉力提笔,搜索枯肠,力求去伪存真,汰繁去滥,树习拳之楷模,规导正途,以不负承传师门拳艺使命之重任。书中不敢存丝毫偏私隐晦,惟恐愧对先师,被视为欺世盗名。撰写本书,旨在明心,愿与各界酷爱此道者共同探求太极拳艺之真谛。余学浅才疏,难免挂一漏万,讹误纰缪之处,诚请方家鉴审,不吝赐教是幸。

**作者**

# 拳苑记事

近半个世纪以来,中国及世界各国人士对太极拳有了一定程度的认识和了解,尤其杨式太极拳所独具的健身、养生价值更令世人瞩目。

但却很少有人知道,在杨式太极拳近百年来的传承延续中,其真谛因前辈拳师缄秘不传而险致湮没。

值得庆幸的是,当年承杨健侯祖师秘传的京都一脉,比较完整地保留了杨家原始拳架的练法和揉手技艺。为此,汪公崇禄及先师汪永泉倾注了毕生心血和精力,启幽发微功不可没。

提起此一脉技艺的由来，还要追溯到清朝末年时期。那时，杨公健侯奉召出入贝勒、贝子府邸，教授宗室子弟学练太极拳。当时清朝宗室贵胄养尊处优，注重养生遂成时尚。诸多权贵学练太极拳多出于赶时髦的心态，将其视为消遣解闷的娱乐方式，并不真下工夫。

惟宣宗皇帝之长孙溥伦贝子对杨公健侯在教拳过程中偶尔流露出的太极拳技击功夫产生了浓厚的兴趣，时常将健侯公延请入府讨教拳艺，薪俸优沃，恩宠有加。感于溥伦贝子的知遇之恩与格外厚待，健侯公遂将杨家素不外传之技艺相授。

当时溥伦贝子府中有一位嗜好武术的管家，名汪崇禄。每当健侯公入府教溥伦贝子练拳时，都由他接待侍奉。本有武功在身的崇禄公听到健侯公如数家珍般地讲解拳中精要，深感斯技非同凡响，蕴藏着上下古今、天地万物之至理，又见其所授拳架练法与外界所见所传迥然不同，实是自己梦寐以求的武艺极品，因而对健侯公分外尊崇，时时留意，处处尽心，事无巨细皆照应得无微不至。

久之，健侯公为崇禄公一片诚心所感，时常抽暇教他一两个拳式。数年之后，崇禄公的太极功夫日深，加之其为人敦厚善良、诚实守信，深得健侯公赏识，遂欣然收其为入室弟子。

崇禄之子永泉幼而嗜武，七岁开始学"布库"（满语摔跤术），练得筋骨结实、身手矫健。八岁上随父到杨家行走。健侯公深爱其资质聪慧，允其亦练杨家功夫，并命永泉尊其第三子澄甫为师。从此汪氏父子相伴时常到坐落在京都西城沟沿头的杨宅向健侯公学艺。永泉也经常受父亲的支派到杨家帮着料理些零活杂事,不时听到健侯、少侯父子们谈论拳技。有时讲到兴头上,少侯便招手唤他上前搭手听劲,以证其所言不虚。由于永泉有"布库"功底,会挨摔而不怕摔,每次被少侯师伯发出的凌厉劲势一连打上几个跟头,总是急急忙忙地站起身来凑到师伯跟前,盼望与等待着其再度出手,因而博得少侯师伯十分欢喜。

当时,人称"大先生"的少侯公出手不留情,发劲凶狠是出了名的。凡被其凌空抛出者尝到个中滋味后,都胆战心惊不敢再靠前。而永泉则经常设法与少侯师伯试手,在被发挨摔中体验师伯的劲路、威力与时机、奥妙。但是只能听劲,从来不敢问师伯是用什么劲发的。一连十数年耳濡目染,身领心悟。加之前期有健侯公指点,后期有严父教诲,故永泉公深得杨家内功劲法之真传,尤其在揉手方面很有造诣。在后来的几十年里,他始终坚持早年和父亲一道从健侯公所学的老六路拳架的原始练法,所习、所传拳架与杨师澄甫南下上海等地所教的套路动作及练法不一。

汪永泉宗师七十岁时,应聘到中国社会科学院授拳。为了挖掘、继承杨式太极拳的真谛,社会科学院哲学研究所所长齐一、文学所所长王平凡商定邀约树人学习拳艺并记录、整理宗师所授的拳论、拳架之教程,以帮助宗师出书,将这一濒临失传的瑰宝向社会推广,并再三叮嘱树人要亲身将拳艺继承下来以传后世。

那时，余习练太极拳术已有二十余年，聆听宗师入情入理地讲解拳中精要，亲身体验妙趣无穷的揉手内功劲法，顿时醒悟，这才是正宗正派的太极拳艺！额手称庆有幸能与汪宗师结师生之缘，从此便专心致志地学习探讨杨式太极拳的真传技艺。现在杨式太极拳术已经风靡世界，造福人寰，这也是当初杨式太极拳创立人始料所未及者也。

# 目 录

出版说明

前言

拳苑记事

1　第一章　太极功法说明

5　第二章　太极功歌诀与修炼法

5　第一节　炼神功法

24　第二节　炼气功法

34　第三节　炼意功法

# 第一章 太极功法说明

太极功法是融动与静于一体、开发人体神意气之潜能的一种高层次的内功练法。

先师讲，师爷健侯公夜晚常坐在草编的蒲团上练静功以养神意气。还曾不厌其烦地提示我们要注重内气的培养，内气不足则不能催促姿势的运行，也达不到气势之"圆"，气势不圆满,精神就提不起来。初时我们不解其意,动作气势散漫,因而老师经常批评我等内里没有东西。

1984年春,我们师兄弟邀请老师游香山公园。那天,老师特别高兴,和大家一起游逛、拍照留念。我想给老师拍几幅拳照,就请老师做个白鹤亮翅的姿势。老师故意不抬胳膊,笑着让我拍无身形的白鹤亮翅,我说,这只能拍出精神气势,看不出招术来。老师一拍掌说:"这就对了,抬胳膊的是白鹤亮翅,这不抬胳膊内里练的也是白鹤亮翅呀!"一句话使我恍然大悟,始知太极内功的神意气原本就是不拘形式的。由此我对太极功法产生了浓厚的兴趣,开始不知疲倦地进行太极内功的探索和修炼。

不要认为太极功法是盘拳以前

进行的桩功练习法,那种一练拳必须先站桩的刻板做法与圆融自然的行功境界相悖。为了不出偏差,学者应依书中提示的顺序学练。

首先,明白并掌握了内功理法之后再盘拳,就不会索然无味地练空架子。经过一个时期的盘拳,能分清什么是招式、什么是内劲以后,才能有的放矢地体现内功理法。待内功理法运用娴熟,用时便能自然出现时才是修炼太极功法的最佳时机,通过太极功法的修炼,滋养神意气,使之渐趋充足,进而求达阴阳自然平衡、圆融无碍的妙境。

总之,太极功法要在招熟、懂劲之后才能真正明白如何去练。

太极功法由炼神、炼气、炼意三部分内容组成。第一部分是炼神的程

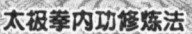

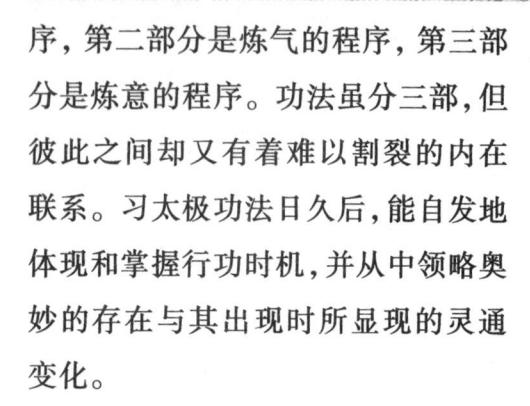

序，第二部分是炼气的程序，第三部分是炼意的程序。功法虽分三部，但彼此之间却又有着难以割裂的内在联系。习太极功法日久后，能自发地体现和掌握行功时机，并从中领略奥妙的存在与其出现时所显现的灵通变化。

# 第二章　太极功歌诀与修炼法

## 第一节　炼神功法

术的内涵是神意气,就全面调动和发挥人体所蕴藏的功能而言,它们是密切相关、不可分割的三要素。其中神居首位,主宰着周身一切运动和变化的现象,其运行方式隐显交替、变化万端。其作用于形却不显露于迹象,运用于势而不拘泥于成规,灵动活泼、悠游往来。正合所谓"神龙见首不见尾"之譬喻。

神的内在威势是在深识理法并运用自如而自然进入高深境界后方能领略到的。当人们掌握了拳术中的招与术既要相互依赖而又能相互脱离的对立统一规律之后,就会明白招式有局限性,空练架子则无益。而以下介绍的内功之术却不拘于任何形式,既可伴随着招式合练,又可在无形无相的神意气流动中默默挖掘、积蕴内在的能量和功效。

(一)炼神歌诀

心令形运身从心,体内舒松形自停。混沌初澄心定意,沉着转换神自提。宇气落顶头光释,心中寂然静生形。空濛之气腹自纳,勃然不懈背光生。二目炯炯乾坤转,时机奥妙现神通。

图 1

(二)修炼方法

1. 起始之际,全身内外俱寂,有不知身处何地之感,更无一处不适;此谓之"无我无为"(图1)。

图 2

2. 一片寂静到极处，动念悄然而至，精神随之勃然提起。在神的统领下，于瞬间完成开胸、张肘、塞腰、鼓腕之内气运行的全过程(图2)。

图 3

3. 内气悠然下行至会阴转而上升,促使两手处于腾虚状态并开始运行(图3)。形体的运行依赖心劲的促使和驱动,听命于十字中心的指令才会达到没有四肢感觉的自然运行。此即"心令形运身从心"。此心非指供血脏器之心脏,乃内心之意,心意由衷(中)而发,发自胸部之十字中心。

图 4

要点：在具备一定行拳基础后才易于入静、进入功态；在熟练掌握拳架之后修炼太极功才能体会到神意气的细微变化。

4. 两手听命于心向上运行，当内气松散至身内有微醺的舒适感时，手的运行就茫然中止在通身舒泰之中（图4）。此为歌诀中"体内舒松形自停"的着落处。继而进入寂静的混沌境界即为"入静",此处混沌的景象是指十字中心处像天地未开时的一片迷濛;而后心中"一定",继而缓缓呈现出阴阳渐分、天地初开般的光景,心神自会从容镇静,心使意停呈静止状态,此为"混沌初澄心定意"的意境。

图 5

5. 由于意和形的动态停止而转入静态,神气相抱升腾而起形成自然悬顶,而后在头部周围形成一轮光环,宇宙之气自然进入光环顶端而形成阴阳二气的交融。同时以神气驱动两手内旋进入变换(图5、6)。此为"宇气落顶头光释"的意境体现。(附图6)

图 6

6. 胸部十字中心寂然不动，阴静至极点时，自会化生出阳动之形，转入再度起始、运行,此即"阴阳互为

炼神图示　　宇气落顶头光释

勃然不懈背光生

终点混沌时"一定"，神意气自然向头后集束为合为吸（精神自然提起）

变换时"一松"，神意气从背部自然分散为开为呼（勃然不懈）

**附图 6**

图 7

其根"的体现,并由此促使两手向前伸展(图7)。此为"心中寂然静生形"的着落处。

7. 两手听命于心向前运行,当体会到身体有松散的舒适感时,手的运行就茫然而止。继而心中自然"一静",刹时精神团聚升起,两目炯炯有神遥望前方;片刻后有一似幻似真的

**图 8**

气团迎面扑奔怀中并自行入腹,透达两肾而使背后三关自然竖直,同时背部散发出犹如佛像之背光外放的感觉,形成胸腹与背部之间阴阳二气的交融,周身内气勃然不懈(图 8)。此为"空濛之气腹自纳,勃然不懈背光生"的着落处。(附图 6)

太极功歌诀与修炼法

图 9

8. 随着意念的变换,两手外旋至手心向上,缓缓拢回肩前,这一过程蕴含着神意气的起始、运行和终止三个环节。(图 9、10)

图 10

9. 两手拢到肩前终止，随即内翻进入变换。（图 11）

图 11

要点：变换在这里起着衔接前后姿势、贯通气势的枢纽作用。变换有两端，一端与上一式的终点相连，另一端则与下一式的起点相接，行拳意识在上一式的终点沉潜下来，又在下一式的起点复萌。阴阳的相互交合和转换都包含和渗透在变换之中。变换之后内气催动姿势再度运行。

图 12

10. 心中"一定",精神提起而引致悬顶,二目炯炯有神,神气在头部四周与宇宙之气相融,遂现出神采奕奕的神态;在内气圆散下落的同时,意想两手变得很长,自头后上方如同擦着天际侧旋至身前远方的地平线上。(图 12~15)

图 13

此为"二目炯炯乾坤转,时机奥妙现神通"的着落处。

要点:炼神之功重在神与意合、意与气合。运行时要以神为帅、心为令、气为旗,掌握好阴与阳的转换时机,神奇与奥妙会自然出现。

自图 1~15 为第一次炼神功法的运行过程。再由图 15 转接图 5,周

图 14

而复始共做三次。

炼神与养生：当炼神过程中自然出现不可思议的神奇现象时，切不可贪恋和深究，以免走入偏途。太极拳艺的神奇与奥妙是前人遗留下来探索不尽的大课题。人体潜在的神奇功能的开发与运用会完善地与拳架融会贯通，资助神意气之不足，使人更

图 15

深刻地理解拳义、拳理。

通过炼神功法的研习,会使人进一步分辨平日盘拳之所感、所得的内功积累是假是真,进而练功才能知其然并知其所以然。譬如明确了胸前十字中心即前人注重修炼的"中丹田"之所在,那么在盘架子时就会有意识地做到所有的动作都从中心而发又收向中心,如此行功日久便会自然确立行拳须"运用在心"的主导地位。练习"头光释"的目的是自然引导真气上行入脑,以充养"上丹田";练习"背光生"目的是引真气下行入腹,以滋养"下丹田";明白了什么是不呼不吸,才会知道惟有阴阳二气的自然交融才能使真元之气充盈饱满;只有做到眼神的出入纯任自然方能保护和滋养双目。

## 第二节 炼气功法

首先说明,这里所讲的气是人体内蕴藏的关乎盛衰、主乎生死的真元之气,与口鼻往来的呼吸之气无关。

(一)炼气歌诀

两臂落时身散空,无我无为入化境。正气沉降意气起,手擎内气两旁升。两手虔接承天露,丹球出现顶凌空。两手

图 16

拢合丹入腹,浩然之气留正中。

(二)修炼方法

1. 两手内翻至手心朝下,意想浩然正气透胸下沉,边松沉边向四外松散,内气在纵松横散的循环中层层散开。意与气相连,意不能松,气就不会散,气不能散就不能通,内气通不出便无法与自然界之大气融合、交

图 17

流,也就无法企及空灵无滞的境界。两臂随着浩然正气的下落而运行,不要有意地呼气、吸气,更不要憋气,而应毫不管呼吸。两手落至两胯旁时,浩然正气已沉至两脚的大趾肚旁入地,待进入化境后,时时处处犹如没有自身般全体透空(图16、17)。此为"两臂落时身散空,无我无为入化境"

图 18

的着落处。

2. 浩然正气沉入地下与地气交融后自然由足下生发,沿身两侧向上升腾,柔和地催促两手擎托内气翩然环举,身体有随之升腾的轻松

图 19

惬意感（图 18、19）。此为"手擎内气两旁升"的着落处。

图 20

3. 两手升至齐肩,胸部十字中心"一定",似有点滴雾露降至掌心,心存一片虔诚之意去接纳它并与之相融。此刻在头顶前上方自然现出一淡

图21

桔黄色的气团，双手拢向头前欲抱气团，不待手至，气团便自行斜下入腹而贯通周身，呈现出浑圆饱满的磅礴

图 22

气势(图 20～22)。此为"两手虔接承天露,丹球出现顶凌空,两手拢合丹入腹"的意境体现。

图 23

4. 浩然正气从上丹田穿经中丹田、下丹田落至两脚大趾肚旁入地。与此同时,浩然正气缕缕不绝地向身中返升,身体渐感充盈、舒适。要将内气贯通的充实感受有意识地存留在体内和心中(图 23、24)。此为"浩然之气留正中"的所在。

图 24

自图 16~24 为第一次炼气功法的运行过程,以下参照图 24 接图 17,周而复始,共做三次。

炼气与养生:文中所讲的正气、内气,前人称之为真气、元气。至今科学尚未证明这种蕴藏在人体中的内气之实质。

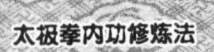

在探索炼气功法之奥秘时,不要片面地追求内气充足,亦不必用意识调控阴阳之气的增减,以免步入歧途。功中所炼之气是自然平衡的,靠人的思维是捕捉不到的。日久功深后,人们才会领略到内气在内功理法的运用和劲法的运化上所具有的超常的威力。

在养生方面,以气润身可令周身血脉通畅无滞,从而促进血液循环正常,无微不至地滋养周身。

## 第三节 炼意功法

意在行拳中担当着"令行禁止"的重要角色。故而前人有"凡此皆是意"和"重意不重形"之说。而拳论中"有意却无意,无意出真意"的精辟见解,又辩证地阐明了行拳用意不可偏重的要领。

准确恰当地把握用意的规矩和尺度来盘拳和行功,就能打破和超越以形体动作为主的常规练法之樊篱而拓展出一片悠游自在、无拘无束的行功胜境来。

行炼意之功的要点在于以意引领内气来催动姿势,但又不可用意过度而令人神情发呆、动作发痴。意气应在恬澹无求中徐徐运行,心境自然趋于平和、安然。

意的策源地在于内心,发自胸部的十字中心处(即中丹田)。行炼意之功,是有意识地将意与形分为一阴一阳、而又使之相合于一环之中进行交替更迭的转换与衔接。在如此简单的动作中,便于体会意领着形走(即"意在先")的动作顺序、运行方法以及由此而衍生的意趣和韵味。而一旦意与形的先后顺序倒置(即形动在先)时,意的作用和功效便立即由显转晦,学者应引以为戒。

(一)炼意歌诀

身空背融内气生,双手意沿山字行。山字两边领手出,中间一竖合身中。循环不止阴阳转,开合相寓意分明。

图 25

(二)修炼方法

1. 当行炼气功法至终止时,双手按落在胯旁,随即心中"一定",心中、身中无一物挂累,浑然不觉。背部融融气感油然而生,并在不觉中自然贴向背后,其状似庙宇供奉的佛像背部光环相仿笼罩全身,并由此孕育出阴阳转换的契机。继而内气升腾,促

**图 26**

使两手由胯前合掤向两肩前（图25、26）。此为"身空背融内气生"的着落处。

**图** 27

2. 以意领肩前之内气向两肩之中心点汇集、透达背后再转向两侧分流,再环绕于两肩前合为一处。意气的流动犹如沿横置的山字潜转回旋,

图 28

惟山字之横在背后呈圆弧形状。两手依着意气的走向，先内旋合向胸前，再沿肩两侧向前环绕至肩前（图 27～

图 29

29）。此为"双手意沿山字行"的着落处。

图 30

3. 当双手旋至肩前之际,意又领内气集向两肩中心并由此透达背后,转沿双肩两侧向前旋绕;两手跟随意气的流动而外旋合至胸前(图30)。此为"山字两边领手出,中间一竖合身中"的体现。

要点:意气先行,引领两手围绕身体圆转运行,如同反复描摩一个山字。要切实体现意气在肩前汇合之际，即是双手在胸前即将向两侧分开之时；而双手在肩前欲合时，即是意气在背后欲分之际。由此而小中见大，解悟"阴阳互为其根"之奥妙。此为"循环不止阴阳转，开合相寓意分明"之所在。

图 31

自图 27～30 为第一次以意气领手形在两肩周围依山字运行,再参照图 27～30 重复做两次。

4. 以意领两手内旋,随浩然正气下降而落于两胯旁(图 31)。

图 32

心中"一定",以意领胯前内气向两胯中心汇集并透达胯后,复沿胯两

图 33

侧环绕至胯前合为一处，意气的流动犹如沿着横置的山字回旋运行；两手

图 34

依着意气的走向沿胯两侧向后、向外环绕。(图 32～34)。

图 35

5. 意领内气向两胯中心汇集并透达胯后，再沿胯两侧向前环绕；两手又随着意气的走向拢向两胯前。（图 35）

图 36

自图 32~35 为第一次以意气领手形沿两胯的山字运行，再参照图

图 37

32~35 重复做两次。

6. 浩然正气上升，以意领两手

图 38

外旋,内气促使双手掤向腹前。(图 36~38)

图 39

7. 心中"一定",以意领腰前的内气向腰部中心汇集,再透向腰后,转而分沿腰两侧环绕至腰前,意气的

图 40

流动犹如沿山字回旋运行；两手内旋，依着意气的走向，由腹前向腰两侧环绕。（图 39、40）

图 41

8. 意领内气集向腰部中心,再透达腰后。两手依意气的走向拢于腰前(图41)。自图38~41为第一次以意气领手在腰周围依山字运行一周,再参照图38~41重复做两次。

太极功歌诀与修炼法

图 42

收功

1. 内气下沉，意想钟锤落至两小腿间，两手内旋，落于两胯侧前方。（图 42～44）

图 43

2. 意想两手下伸，将悬垂在两小腿间的钟锤捞起，托至胸中十字中心处，内气随之升腾，促使两手外旋向胯前拢合，掌心向上。颈椎后侧犹

图 44

如降下百叶窗般逐层垂落，此意贴背下行至两踝中间，意想身中垂直线存留在身中与两腿间；两手随之外旋落

**图 45**

向两胯旁(图 45～47)。收功之后,周身有气势圆满、舒适惬意之感。

炼意与养生:通过研习炼意之功,就会明白太极拳艺的融通并非靠大脑强记,而要以"心知"来求达内功

图 46

的自如运行,故练拳十分讲究"运用在心"和"发于中"。

心静往往求之而不得,若掌握了胸中十字中心的运用方法,就容易做到心静。心静之后才能真正领会心平气和的意境,进而求达阴阳平衡。

在养生方面,意气悠游自在地依圆旋绕,可引领周身进入恬淡虚无之

图 47

意境。意之运用在心，其收益亦在心。心性可于淡泊宁静的行功中得以静养。并且在收功后的较长一段时间里，全身还会持续不断地由内而外地透发出阵阵快意，令人身心皆畅，遂收怡神养性之效。

行功释疑：

太极功法内涵深邃，意韵深长。

行功时的真情实境难以用笔墨形容。尤其至功深之后,其境界更难以演示和描述。但此功既不神秘玄虚,也并非高不可攀。只要循着静思凝神、纯任自然、徐徐运行、意在形先的途径探索、揣摩,不断积累,日益深入,就会品味到蕴藏于功法中的奥妙与功效。